Esta es mi casa

Bobbie Kalman

 Crabtree Publishing Company

www.crabtreebooks.com

Creado por Bobbie Kalman

Autor y Jefe editorial
Bobbie Kalman

Consultores pedagógicos
Elaine Hurst
Joan King
Reagan Miller

Editores
Joan King
Reagan Miller
Kathy Middleton

Revisor
Crystal Sikkens

Investigación fotográfica
Bobbie Kalman

Diseño
Bobbie Kalman
Katherine Berti

Coordinador de producción
Katherine Berti

Técnico de preimpresión
Katherine Berti
Katherine Berti

Fotografías
BigStockPhoto: pág. 5
Otras fotografías por Shutterstock

Catalogación en publicación de Bibliotecas y Archivos Canadá

Disponible en Bibliotecas y Archivos Canadá

Información de catalogación en publicación de la Biblioteca del Congreso

Disponible en la Biblioteca del Congreso

Crabtree Publishing Company

Impreso en China/082010/AP20100512

www.crabtreebooks.com   1-800-387-7650

Publicado en Canadá
Crabtree Publishing
616 Welland Ave.
St. Catharines, Ontario
L2M 5V6

Publicado en los Estados Unidos
Crabtree Publishing
PMB 59051
350 Fifth Avenue, 59th Floor
New York, New York 10118

Publicado en el Reino Unido
Crabtree Publishing
Maritime House
Basin Road North, Hove
BN41 1WR

Publicado en Australia
Crabtree Publishing
386 Mt. Alexander Rd.
Ascot Vale (Melbourne)
VIC 3032

Palabras que debo saber

edificio de apartamentos

patio trasero

balcón

casa

casa rodante

casas adosadas

Vivo en una **casa**. Esta casa es mi hogar.
Tengo un **patio delantero** al frente
de mi casa.
Tengo un **patio trasero** detrás de mi casa.
Hay cuartos dentro de mi casa.

Mi casa está unida a otras casas.
Vivo en una **casa adosada**.

Mi hogar está en un **edificio de apartamentos**.

Muchas personas viven en el edificio.

Vivo en un apartamento.

No tengo patio. Tengo un **balcón**.

Vivimos en una **casa rodante**.
Rodante quiere decir que se puede mover.
Nuestra casa se construyó en otro lugar.
Un camión la trajo aquí.

Las casas tienen diferentes habitaciones.
Cocinamos y horneamos
pasteles en la **cocina**.
También comemos en la cocina.
¿Dónde come tu familia?

¿Dónde pasas el tiempo con tu familia?
¿En la **sala** o en la **sala de estar**?
¿Juegan juntos en esta habitación?

Mi lugar favorito es el patio trasero.
En el verano mi familia come afuera.
¿Qué lugar de tu casa es tu favorito?

NOSOTROS
RECICLAMOS

¿Ayudas a limpiar tu casa?
¿Guardas tus juguetes?
¿Ayudas a reciclar?
¿De qué otra manera puedes
ayudar a limpiar tu casa?

¿Te mudaste alguna vez?
¿Por qué te mudaste?
¿Ayudaste a empaquetar
tu ropa y tus juguetes?

Algunas personas no tienen casa.
Hay personas que ayudan a construir casas
para las personas que las necesitan.
Luego esas familias se mudan a esas casas.

Notas para los adultos

Tipos diferentes de casas

Esta es mi casa muestra los diferentes tipos de casas en las que los niños viven. Las casas de los niños pueden variar enormemente. Una gran cantidad de sensibilidad es necesaria al tratar este tema. Unos niños viven en casas unifamiliares y otros viven en apartamentos. Recientemente, muchas personas han perdido sus casas debido a desastres o problemas económicos y viven en refugios. Los temas comunes a las casas son:

1. refugio y seguridad
2. sentido de pertenencia
3. sentido de comunidad
4. la vida dentro de casa y al aire libre (patio, balcón, parque comunitario)

Pida a los niños que nombren algunas habitaciones de sus casas. ¿Qué actividades realizan en cada habitación? ¿En qué habitación se reúne la familia? ¿Cuál es la habitación favorita de los niños y por qué?

Diseñar una ciudad

¿En qué tipos de comunidades viven los niños? ¿Viven en la ciudad, en un suburbio, en un pueblo o en una granja? Pida a cada niño que haga un dibujo de un vecindario imaginario. ¿Qué características les gustaría tener a los niños en su vecindario? ¿Les gustaría tener una sala de cine, un patio de juegos o una piscina? Después de que cada niño haya dibujado su vecindario, coloque todos los vecindarios en una pared para crear una ciudad nueva. Esta actividad ayudará a los niños a comprender que las ciudades están formadas por muchos tipos de vecindarios.